令和6年度秋季特別展
玉と前方後方墳

JN197090

ごあいさつ

　2024年12月、島根県下最大級の前方後方墳である山代二子塚が、国の史跡指定100周年を迎えます。

　いま、静かにふりかえりますと、昭和47年（1972）に前方後方墳の形をした資料館（現・展示学習館）が産声をあげて以来、昭和58年（1983）には岡田山1号墳の大刀から「額田部臣」の銀象嵌銘文が発見され、平成9年（1997）度には二子塚土層見学施設やガイダンス山代の郷を設置するなど、八雲立つ風土記の丘の来し方は、つねに前方後方墳とともにありました。本書はこのような風土記の丘の原点にたちかえり、あらためて島根の前方後方墳に注目するものです。

　ただ、山代二子塚が刻んだ1,500年の歴史からみれば、私たちの活動などささやかなもの。「新米の番人」としての真価は、これからようやく問われるのかもしれません。その責任は重くのしかかりますが、まずは本書をもって、山代二子塚、そして前方後方墳が島根の誇りでありつづけるための道しるべとなることを祈念いたします。

　　令和6年9月14日

島根県立八雲立つ風土記の丘

所長　髙屋茂男

目次

3	総説　前方後方墳、断章
7	図版
37	本書にかかわる遺跡の分布
38	図版目録

会期　令和6年9月14日［土］〜11月24日［日］
会場　島根県立八雲立つ風土記の丘展示学習館
主催　島根県立八雲立つ風土記の丘・日本海テレビ
後援　松江市・松江市教育委員会・
　　　一般社団法人日本考古学協会

展示企画・各種デザイン・図録編著
　　　齊藤大輔／島根県立八雲立つ風土記の丘 学芸員
監修　松本岩雄／同 顧問
　　　髙屋茂男／同 所長 兼 学芸課長
協力　西村　葵／同 学芸員

協力機関
邑南町教育委員会
邑南町郷土館
島根県教育委員会
島根県古代文化センター
島根県埋蔵文化財調査センター
島根県立古代出雲歴史博物館
島根大学法文学部考古学研究室
東京国立博物館
松江市
安来市教育委員会
安来市立歴史資料館
六所神社

協力者
岩崎孝平
岩本　崇
大塚　充
大野芳典
澤田正明
西村航希
舟木　聡
真木大空
松尾充晶
三宅博士
吉岡弘行
吉松優希
吉村和昭

総説 前方後方墳、断章

島根県立八雲立つ風土記の丘 学芸員　齊藤大輔

はじめに

本書読者のおおきな関心は、東海を中心に築かれた古墳時代前期の前方後方墳の研究がどのように歩んできたのか、たとえば、前方後方墳東海発生論の拠り所たる愛知県廻間遺跡から出土した土器がこんにちどのように評価されるのか、はたまた、徳川光圀（1628-1701）が元禄5年（1692）に世界初の学術的な発掘調査を命じた栃木県上侍塚古墳・下侍塚古墳をめぐる挿話などにあるのではなかろうか。

残念ながら、本書はそのような期待に応えるものではない。そうした側面に注目したものとしては、栃木県立なす風土記の丘資料館『前方後方墳の世界』展（1993）、『前方後方墳の世界Ⅱ ― 那須に古墳が造られた頃 ―』展（1997）、奈良県立橿原考古学研究所附属博物館『前方後方墳 ― もう一人の主役 ―』展（2004）があり、近畿から東日本にいたる前方後方墳研究のおもな論点がまとめられている。

出雲の前方後方墳については島根県古代文化センターの研究論集『前方後方墳と東西出雲の成立に関する研究』（2015）、ならびにその成果展としての島根県立古代出雲歴史博物館『倭の五王と出雲の豪族 ヤマト王権をささえた出雲』展（2014）がある。一連の事業をつうじて得られた仁木聡、池淵俊一らの考察は当該地域における前方後方墳研究の一到達点であるとともに、展示は中期古墳出土品を中心とする優品が一堂に会した圧巻の内容だったものの、山代二子塚の築造動態やその後の前方後方墳を展望するものとは性格をやや異にするものであった。

本書では、2024年に国史跡指定100年をむかえる島根県下最大級の古墳・山代二子塚をはじめ、前方後方墳の集中分布で知られる出雲東部の事例、とくに副葬品にフォーカスし、あらためてその特質を考える。しかるに本書は、島根県下の展覧会図録としては「前方後方墳」の名を冠した初の試みである。

二人の命名者

はじめに、「前方後方墳」の命名をめぐる挿話を紹介しておこう。

島根県松江市山代町にある山代二子塚は、大正14年（1925）4月30日刊行『島根県史』四のなかで、野津左馬之助によって考古学史上はじめて「前方後方墳」と名づけられた。また、出雲を代表する大型古墳として、その前年12月には国の史跡に指定されている。いまから、100年前の話である。

ところがおどろくことに、栃木県の郷土史家・丸山瓦全も、大正14年5月5日刊行の『考古学雑誌』15巻5号所収論文「下野国の前方後円墳」のなかで上侍塚古墳と下侍塚古墳を指して「前方後方墳」とよんだのである。『考古学雑誌』15巻5号が刊行されたのは『島根県史』四が刊行されてからわずか5日後であることはにわかに信じがたいものの、こんにち厳格化した研究者倫理をもって「前方後方墳」の命名者を検証するのは粋ではない。電子通信が未発達の時代にあって、おなじタイミングで「前方後方墳」という命名が直線距離で650kmも離れた島根と栃木でなされた奇跡、しかも、こんにちなお十分なモデルが構築されていない前方後方墳研究の種を蒔いたその瞬間には感動すら覚える。

左馬之助は、慶応3年（1867）1月28日、島根の生まれ。幼名を馬之助と名乗った。島根師範学校（現・島根大学教育学部）卒業後、島根県や長野県の中学校で教鞭をとりながら島根の歴史を研究。明治44年（1911）よりおよそ20年の歳月をかけて『島根県史』全9巻を編さんしたほか、『飯石郡誌』『鹿足郡誌』『大原郡誌』などの自治体史編さんにも尽くすという、まさに島根県における考古学の開拓者であった。昭和18年（1943）2月17日、76歳没。左馬之助の偉業は『島根県史』が戦前の自治体史としてはめずらしく、編さん当時の最新の歴史研究の成果を参照しな

がら可能なかぎり客観的な叙述を貫いた点にあると評される［田中2021］。

たいする瓦全は、明治7年（1874）2月8日、栃木の生まれ。幼名を太一郎、のち源八と名乗った。瓦全とは「たいしたこともなさず、ただ瓦のように生き永らえる」という謙遜を込めた筆名。旧制宇都宮中学校（現・栃木県立宇都宮高等学校）中退後、家業の油屋に従事しながら、郷土史や考古学に興味をもつ。佐野市の曹洞宗竜江院で江戸時代初期に漂着したリーフデ号の遺物であるエラスムス像を発見したほか、佐貫石仏や大谷観音を紹介するなど、栃木県における考古学の草分けとよばれ、足利学校や日光杉並木の保存にも尽くした。昭和24年（1949）には第1回栃木県文化功労章を受章するも、その2年後の6月27日、77歳で没した。

ところで「100年前」といえば、まるで忘れられた大昔のように聞こえるが、じっさいには、この数年日本人の最高齢は115歳前後で推移しているし、大正12年（1923）に関東大震災が起きた9月1日はこんにち「防災の日」として根づき、翌年にはメートル法の採用、阪神甲子園球場の竣工、大正末年（1925）には社団法人 東京放送局（現NHK）によるラジオ放送の開始、普通選挙法の公布、東京大学安田講堂の竣工、山手線の環状運転開始などが歴史的なできごととして残る。大正デモクラシーよろしく、昭和、平成に生まれ、令和に生きる私たちにとってもまったくの無縁とはいえない社会がそこにはあったのだ。

なお、考古学史でいえば1925年には、日本や東洋の考古学を開拓した京都帝国大学の濱田耕作（1881-1938）と東京帝国大学の原田淑人（1885-1974）が東亜考古学会を設立し、エジプトでは、かのハワード・カーター（Howard Carter、1874-1939）がツタンカーメン王の黄金のマスクを発見している。

このように、西洋中心主義と相対する時代精神やナショナリズムの高揚、そして近代的な考古学が芽生えるなかで山代二子塚が国の史跡に指定されるとともに「前方後方墳」が認識されたことは、極東の、それも島国における国家形成の動態とローカリズムを同時に考えるうえで、将来にわたって語り継ぐべき歴史的瞬間だったのである。

「東西出雲論」の主人公

戦後、前方後方墳の研究に本格的に着手した大塚初重や茂木雅博らの考察の多くは、古墳時代前期や関東の事例に軸足を置くものであった。そもそも前方後方墳の多くは古墳時代前期に築造されたものであり、後期に集中するのはこんにちなお島根県域と千葉県域にほぼかぎられるのである。

そうしたなか古墳時代後期の出雲東部における前方後方墳や方墳、なにより山代二子塚の卓越性を島根古墳時代研究の主要論題まで高めたのは、1970年代後半以降の前島己基や渡邊貞幸らの研究であった［前島1977、渡辺1986］。とくに渡邊は、山代二子塚（前方後方墳・94m）が代表する出雲東部の勢力と、出雲市大念寺古墳（前方後円墳・92m）が代表する出雲西部の勢力が並立する構図をとらえた。

このいわゆる「東西出雲論」は大谷晃二の研究をつうじて一定の到達点が示され、こんにちなお島根古墳時代研究の基層に息づいている［大谷1999］。しかし最近では、東西出雲で共通する考古資料の存在も次第にあきらかとなり、「東西出雲論」の課題と本質が議論されるようになった。東西出雲の境界にかかわる言説はなお練磨する必要があるものの、以下では出雲東部を中心に分布する前方後方墳や方墳をできるかぎり通時的にとらえることにより、これからの議論に備えることにしたい。

3世紀後半〜4世紀後半（古墳時代前期） 弥生時代の四隅突出型墳丘墓終焉後に築造された出雲の出現期古墳は方墳が主体である。両者の文化的連続性についてはそれだけで一つの論題となるが、方形志向の墳墓が出雲の有力な墓制として認識されていたことはまちがいない。古墳時代前期の政治体制を考えるうえで重要視される鏡の副葬に注目すると、松江市小屋谷3号墳の虺龍文鏡**1**（虺とは「ヘビ」の意、中国漢代の製作）は島根の古墳から出土した鏡のなかで最古の一面であり、山陰における古墳時代開始期の動態をさぐるうえで鍵となる。

松江市社日1号墳も出雲最古級の方墳。甲冑や長大な刀剣こそ副葬しないが、多様な農工具**2**の副葬は雲南市神原神社古墳（方墳・30〜35m）や安来市大成古墳（方墳・60m）につぐ。珠文鏡を出土した

２号墳**3**や先の小屋谷３号墳、出雲最初期の前方後方墳である雲南市松本１号墳の獣帯鏡**4**とともに、出雲における古墳時代社会の幕開けを象徴するものであろう［岩本2014］。松本１号墳では鉄針も出土しており、近年のジェンダー考古学の成果に照らせばその被葬者は女性首長だった可能性がある。

島根県の中南部、旧国の石見にあたる邑南町中山B-1号墳で出土した方形板革綴短甲は、３世紀後半から４世紀末頃の鉄製のヨロイ**5**。日本列島製甲冑のなかでは古い一群にあたるこのタイプは、朝鮮半島からの鉄素材受容の契機や対外交渉、古墳時代前・中期の実年代論などにもかかわる［桃﨑2023］。類例は日本列島で20例弱、近畿より西では中山B-1号墳のほかに九州北部の３例と朝鮮半島の１例しかない。出雲のみならず、山陰における前方後方墳受容の一端を示す重要な資料として注目される。

４世紀末〜５世紀（古墳時代中期）　松本１号墳の築造以後およそ一世紀間は前方後方墳の築造が影を潜め、出雲東部では一辺20m以上の方墳が有力な墓制として採用される。大阪平野の百舌鳥・古市古墳群に代表される前方後円墳最隆盛の５世紀にあっては、前方後方墳を前方後円墳にたいする「格下」や「異端」という言葉で表現することは適当でない。５世紀以降における出雲東部勢力の後ろ盾は、中海に面した地の利を生かした外交能力にある。

７世紀後半に出雲国府が置かれる以前の意宇平野には、朝鮮半島系の渡来人がすくなからずいた。松江市出雲国府跡の下層では77×62mの方形区画が検出され、首長居館を囲む壕とみられる。遺構群からは朝鮮半島系の土器群が出土し**6**、意宇平野における渡来人の受け入れにあたって当該地域の首長層がかかわっていたことを示す。以来、古墳時代後期にかかる意宇平野や安来平野は、朝鮮半島系遺物が島根県域で最も集中する地域となる。安来市の長尾古墳（古墳の形は不明）で採集された高杯形器台**7**は、出雲東部で最古の新羅・加耶系土器。コンパスや串をつかって大胆に描かれた波状文が印象ぶかい。

出雲最大級の方墳である石屋古墳の造り出しでは多様な埴輪が出土し、５世紀中頃に成立する人物埴輪群の配列状況があきらかとなった**8**。武人埴輪や足首にトゲを表現した力士埴輪、武具である盾や

靫（矢筒）を模した埴輪、馬形埴輪は、武威が権力の象徴そのものだった５世紀の王の姿を彷彿とさせる。石屋古墳は宍道湖と中海をむすぶ大橋川の南岸、標高約30mの丘陵上にあることから、その被葬者は水上交通を掌握していたのかもしれない。

５世紀終わりころの出雲東部では有力者の墓制に一部前方後円墳をとりいれつつも、ついに前方後方墳隆盛の時代が到来する。その先駆をなす金崎古墳群は、２基の前方後方墳と９基の方墳からなる。このうち前方後方墳である１号墳の出土品は古墳編年の基準資料として学史的に名高いが、京都帝国大学出身の山本清ら松江考古学会や松江市によってそれぞれ発掘調査がおこなわれた経緯もあって、松江市、島根大学考古学研究室、京都大学総合博物館に分散して保管されている。松江市による発掘調査では、中期古墳を特徴づける質実な鉄製武器や農具のほか、多くの玉類が出土した**9**。六角柱の水晶を利用した垂飾は、松江市域では金崎１号墳と菅田ヶ丘古墳（前方後方墳・30m）の２例しかない。

松江市古曽志大谷１号墳**10**は、宍道湖の北岸に築造された中期末の前方後方墳。本来の主体であるはずの後方部は崩れていたが、この古墳は前方部にも埋葬施設と造り出しをもつことに特徴がある。墳丘祭祀にもちいたとみられる須恵器のほか、５世紀をつうじて大型化がすすんだ鉄刀や多くの鉄鏃が出土した。須恵器には子持壺がふくまれ、定型化した出雲型子持壺の祖型とみられる。東西出雲の境にあって、宍道湖北岸をおさめた首長の墓であろうか。

６世紀（古墳時代後期）　松江市南郊に築かれた山代二子塚**11**は、外堤をふくむ全長が150mになる島根最大の前方後方墳。二段墳丘の上段には葺石が葺かれ、周溝の底を中心に円筒埴輪片や出雲型子持壺片、四足動物や家形の埴輪片がみつかっている。主体部は発掘されていないが、地中レーダー探査をつうじて全長10m、高さ4.5mほどの横穴式石室をもつとみられている。山代二子塚をはさんで、大庭鶏塚（方墳・42m）、山代方墳（45m）、山代原古墳（旧・永久宅後古墳）の４つの大型古墳が近接して築かれ、方形原理墳を核とする首長系譜が確立する（山代・大庭古墳群）。出雲東部にも東淵寺古墳や魚見塚古墳、手間古墳といった60m級の前方後円墳があると

はいえ、これらは山代・大庭古墳群のまわりに衛星的に点在することから、この地域では方形原理墳の被葬者集団こそが首長権の王道とみなしたい。そのばあいの出雲東部ナンバーツーが御崎山古墳だ。

御崎山古墳の獅噛環頭大刀は、柄の先端を飾る環のなかに獅子の顔をつくりだす**12**。古代の鬼瓦につうずる牙をむき出しながらも舌をペロッと出すさまはどこか愛嬌があるが、じっさいには威嚇のしぐさとみられる。柄には、精緻な龍文を彫った木に銀板を巻く。御崎山古墳の獅噛環頭大刀は列島出土品のなかで最も古い一振かつ舶載品とされ、安来市仏山古墳（前方後方墳・47m）の獅噛環頭大刀**13**とともに朝鮮半島からもたらされた可能性がある。

岡田山1号墳の横穴式石室からは、銀象嵌円頭大刀、金銀装円頭大刀、三葉環頭大刀のほか、鉄鏃や耳環、金銅製空玉、心葉形十字文透鏡板付轡をふくむ金銅装馬具、中国後漢の内行花文鏡、須恵器が出土した**14**。銀象嵌円頭大刀は日本列島製とみてよいが、金銀装円頭大刀は朝鮮半島南部、三葉環頭大刀は中国大陸に起源が求められる。御崎山古墳の獅噛環頭大刀とあわせ、外交の最前線で活躍した被葬者の国際的な活動履歴を複合的に示すものであろう。

古天神古墳の石棺式石室は、九州の石棺のさまざまな要素をとりいれて出雲東部独自の石室として整えたもの**15**。熊本県宇賀岳古墳の石室と共通する点が多く、石棺式石室が肥後から出雲へ伝わった初期の築造とみられる。岩屋後古墳**16**や団原古墳**17**は、墳丘の形こそとどめていないものの、出雲型石棺式石室や子持壺をもつことから、この地域の有力なネットワークに組み込まれていたことがわかる。

意宇平野でさいごの前方後方墳とみられる向山1号墳**18**では石棺式石室の直上から多数の子持壺片が出土し、子持壺祭祀のありかたを伝える。石室からは細片化した武器や馬具が出土しており、その多くは銀装である点が注意を引く。銀装の武器や馬具は、西日本には少なく関東に多いものである。いっぽうで、鉄鏃には九州北部や岡山周辺に多い二つの透かしをもつものがふくまれる。意宇平野で完結しない、多元的な交流網をもつ被葬者像が描かれる。

展 望

前方後方墳の築造停止後、山代方墳をさいごに出雲型子持壺**19**の祭祀もおわる。7世紀前半に築造された山代原古墳は島根県域最大級かつ精美な石棺式石室**20**を主体部にもち、出雲全体の広域首長墓、さらにはその被葬者を「出雲国造」とみる意見もある。

ただ、6世紀末から7世紀前半にかかる前方後円（方）墳から大型方墳への転換は、埼玉県埼玉古墳群や千葉県長須賀古墳群、龍角寺古墳群といった列島各地の有力首長系譜でも認められる斉一的な現象である。ここに、出雲東部における前方後方墳の「王道」と「異端」の両側面が集約されているかのようだ。隣りあう地域の墓制の違いを対立させつづけるだけでなく、「東西出雲論」を古墳時代史のダイナミズムと接続させるべき気運にあるのだろう。

田中裕は、前方後方墳の築造契機をめぐる研究にはおおきく二つの方向性があるという［田中2004・2011］。すなわち、①政治的普遍性を重視する立場から、ヤマト王権の主導により格下の階層や特定の役割を与えられた集団の墓として築かれたとみる方向性、②地域の独立性を重視する立場から、地域的な独自性の表出として評価する方向性である。

出雲東部のおおきな経営基盤が日本海を介した外交能力にあり、その維持が王権にとっての課題の一つであるならば、当該地域における前方後方墳の築造動態は①と②の折衷によって説明しうる。出雲東部における前方後方墳築造の背景について、地域秩序の統合や最高首長層の連携を表象しつつも王権との間に一定の含意があったという展望［池淵2015］は容易に超えられないにせよ、たとえば、地形に規制されたある種自然発生的な外交利権を王権による地方経営のなかで担保するための装置が前方後方墳だったとすれば、汎列島的に規格化された武器・馬具の副葬、終末期大型方墳への転換などもおおきな矛盾なく理解できるのではなかろうか。

題に「断章」とつけたように、ほかに触れるべき遺跡を残しつつ駄文を終える。はたして本書は、王道としての首長墓系譜研究と器財研究をつなぐうえでの、ささやかな異端となれるであろうか。

時代のはじまりを告ぐ者

1 夔龍文鏡
小屋谷3号墳.(島根県松江市八雲町)
方墳・19×15m／古墳時代前期
松江市指定文化財

2 鉄剣・鉋・鋤先・板状鉄斧・袋状鉄斧
社日1号墳（島根県松江市竹矢町）
方墳・19m／古墳時代前期（3世紀後半）

3 珠文鏡
社日2号墳（島根県松江市竹矢町）
方墳・12m／古墳時代前期（3世紀後半）

4-1 獣帯鏡(じゅうたいきょう)

4-2 鉄剣(てっけん)・刀子(とうす)・針(はり)
　　碧玉(へきぎょく)製管玉(せいくだたま)・ガラス小玉

4 県史跡・松本1号墳
　島根県雲南市三刀屋町
　前方後方墳・50m
　／古墳時代前期（4世紀）

5-1 方形板革綴短甲
　　ほうけいいたかわとじたんこう

5 中山B-1号墳
　島根県邑智郡邑南町
　前方後方墳・22m／古墳時代前期（4世紀）

5-2 方形板革綴短甲の復元品

ヤマトの風

6 外来系土器群
国史跡・出雲国府跡下層(島根県松江市大草町)
古墳時代中期(4世紀末〜5世紀初)

アジアの波

6-1 𤭯(はそう)

6-2 𤭯(はそう)

6-3 高杯(たかつき)

6-4 甑(こしき)

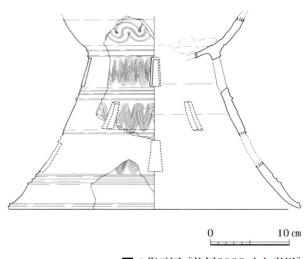

7 の復元図 ［松尾2023 より引用］

7 高杯形器台(たかつきがたきだい)
　長尾古墳（島根県安来市伯太町）採集資料
　墳形不明／古墳時代中期（5世紀）

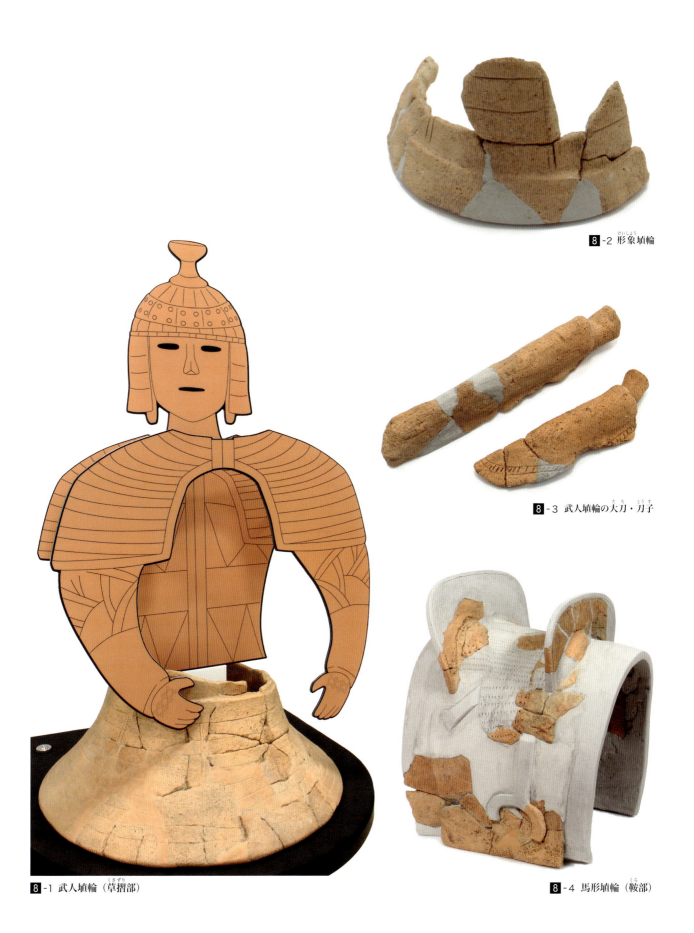

8-2 形象埴輪(けいしょう)

8-3 武人埴輪の大刀(たち)・刀子(とうす)

8-1 武人埴輪(草摺部(くさずり))

8-4 馬形埴輪(鞍部(くら))

8 国史跡・石屋古墳
島根県松江市矢田町・東津田町
方墳・40m／古墳時代中期（5世紀中頃）

叢雲、立つ

8-5 馬形埴輪・力士形埴輪・椅子形埴輪

8-6 盾形埴輪

8-6 の復元図 (S≒1/10)

8-7 靫形埴輪

8-8 須恵器壺

8-9 須恵器器台

9-1 鉄鉾・石突・鉄剣・青銅製品・U字鋤先

9-3 水晶製垂飾・ガラス製勾玉（拡大）

9-2 ガラス製小玉・水晶製垂飾・ガラス製勾玉

9 国史跡・金崎古墳群（金崎1号墳）
島根県松江市西川津町／前方後方墳・32m
古墳時代中期（5世紀後半）

玉のなかの、宇宙

東西出雲の境には

10 須恵器（すえき）
古曽志大谷1号墳（島根県松江市古曽志町）
前方後方墳・45.5m／古墳時代中期（5世紀末）

11-1 出雲型子持壺

11-2 円筒埴輪

11 国史跡・山代二子塚
島根県松江市山代町
前方後方墳・94m／古墳時代後期（6世紀中頃）

出雲東部の絶対王者

11-3 空からみた山代二子塚

獅子の絆

12-1 鉄刀・獅噛環頭大刀

12 県史跡・御崎山古墳
島根県松江市大草町／前方後方墳・44m
古墳時代後期（6世紀後半）

12-2 獅噛環頭大刀

13 獅噛環頭大刀柄頭
仏山古墳（島根県安来市荒島町）
前方後方墳・47m／古墳時代後期（6世紀後半）
Image: TNM Image Archives

12-3 金銅装馬具
　　こんどうそうばぐ

12-4 珠文鏡
　　しゅもんきょう

12-5 須恵器壺・𤭯
　　すえきつぼ　はそう

14-1 岡田山1号墳の横穴式石室

14 国史跡・岡田山古墳（岡田山1号墳）
　島根県松江市大草町
　前方後方墳・24m／古墳時代後期（6世紀後半）
　14-2〜8の原品は国指定重要文化財

皇女を護る者

14-2 銀象嵌円頭大刀（レプリカ）

14-3 金銀装円頭大刀（柄頭はレプリカ）

14-4 三葉環頭大刀

14-1 岡田山1号墳の横穴式石室

14 国史跡・岡田山古墳（岡田山1号墳）
　島根県松江市大草町
　前方後方墳・24m／古墳時代後期（6世紀後半）
　14-2〜8の原品は国指定重要文化財

皇女を護る者

25

14-2 銀象嵌円頭大刀（レプリカ）

14-3 金銀装円頭大刀（柄頭はレプリカ）

14-4 三葉環頭大刀

14-5 内行花文鏡

14-6 須恵器壺・𤭯

14-7 金銅製空玉

14-8 耳環

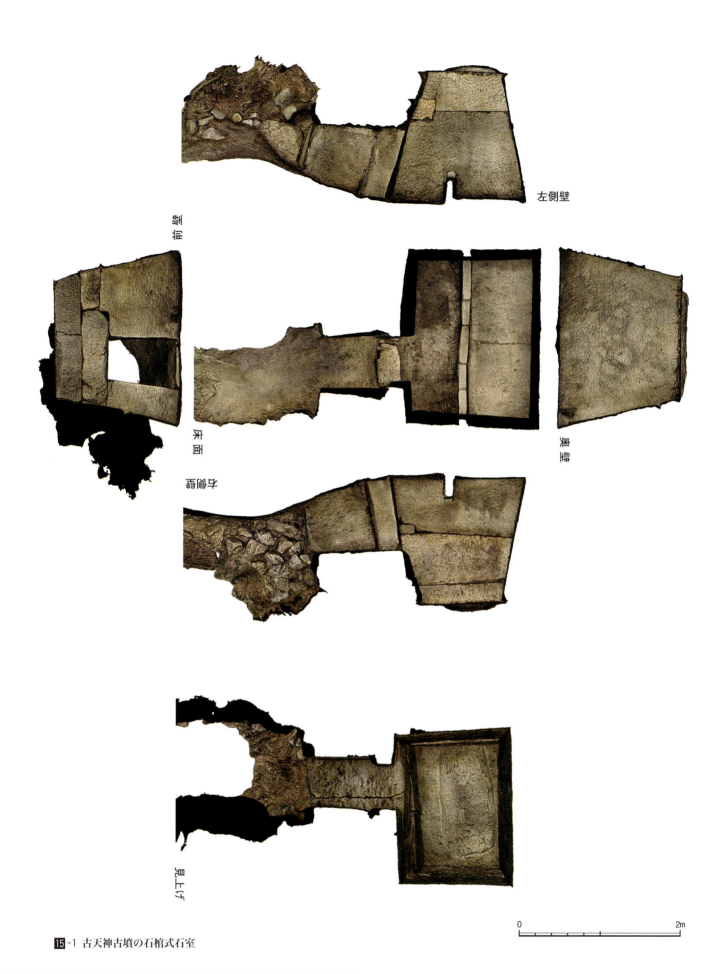

15-1 古天神古墳の石棺式石室

出雲型石棺式石室の胎動

15 県史跡・古天神古墳
島根県松江市大草町／前方後方墳・27m
古墳時代後期（6世紀後半）

15-2 古天神古墳出土品　おもな副葬品　Image: TNM Image Archives

15-3 変形一神四獣鏡
Image: TNM Image Archives

15-4 銀象嵌鐔

16-1 岩屋後古墳の石棺式石室

16-2 馬形埴輪（雲珠と繋）

16-3 須恵器

16 県史跡・岩屋後古墳
島根県松江市大草町／方墳か
古墳時代後期（6世紀末～7世紀初）

さいごの埴輪

子持壺、開花

17 出雲型子持壺
団原古墳(島根県松江市山代町)
方墳か／古墳時代後期(6世紀末〜7世紀初)

18-1 向山1号墳の石棺式石室

18 向山1号墳
島根県松江市古志原／前方後方墳
古墳時代後期（6世紀末〜7世紀初）

18-2 銀製弓弭・両頭金具・鉄鏃・銀装刀子金具・銀装刀装具
鉄地銀張馬具（鞍座金具・X字形辻金具・方形金具・杏葉）

白銀に魅せられた者たち

⑲ 出雲型子持壺
国史跡・山代方墳（島根県松江市山代町）／方墳・43×45m
飛鳥時代（7世紀初頭）

出雲国造、誕生

20 山代原古墳の石棺式石室
島根県松江市山代町
方墳・23m／飛鳥時代（7世紀前半）
※私有地につき、現地は見学できません

本書にかかわる遺跡の分布

❶ 日本列島

0　　　400 km

❷ 中国地方

中山B-1号墳

0　　　40 km

❸ 出雲東部周辺

古曽志大谷1号墳

金崎1号墳

仏山古墳

長尾古墳

松本1号墳

0　　　10 km

❹ 意宇平野周辺

大橋川

中海

石屋古墳

山代二子塚
山代方墳
山代原古墳

茶臼山

社日古墳群

向山1号墳

団原古墳

岡田山1号墳
御崎山古墳

出雲国府跡

古天神古墳

岩屋後古墳

小屋谷3号墳

0　　　2 km

背景の地図は web サイト「川だけ地形地図」

37

図 版 目 録

No.	資料名	遺跡	写真提供	展示	原品所蔵機関
1	螭龍文鏡	小屋谷3号墳	当館撮影	○	松江市
2	鉄剣・鉇・鋤先・板状鉄斧・袋状鉄斧	社日1号墳	当館撮影	○	島根県埋蔵文化財調査センター
3	珠文鏡	社日2号墳	当館撮影	○	島根県埋蔵文化財調査センター
4-1	獣帯鏡	松本1号墳	当館撮影	○	島根県立古代出雲歴史博物館
4-2	鉄剣・刀子・針・碧玉製管玉・ガラス小玉	松本1号墳	島根県立古代出雲歴史博物館	○	島根県立古代出雲歴史博物館
5-1	方形板革綴短甲	中山B-1号墳	当館撮影	○	邑南町教育委員会
5-2	方形板革綴短甲の復元品	―	当館撮影	○	邑南町教育委員会
6	外来系土器群	出雲国府跡下層	島根県立古代出雲歴史博物館	一部	島根県埋蔵文化財調査センター
6-1	甑	出雲国府跡下層	当館撮影	○	島根県埋蔵文化財調査センター
6-2	甕	出雲国府跡下層	当館撮影	○	島根県埋蔵文化財調査センター
6-3	高杯	出雲国府跡下層	当館撮影	○	島根県埋蔵文化財調査センター
6-4	甑	出雲国府跡下層	当館撮影	○	島根県埋蔵文化財調査センター
7	高杯形器台	長尾古墳	当館撮影	○	安来市教育委員会
8-1	武人埴輪（草摺部）	石屋古墳	当館撮影	○	松江市
8-2	形象埴輪	石屋古墳	当館撮影	○	松江市
8-3	武人埴輪の大刀・刀子	石屋古墳	当館撮影	○	松江市
8-4	馬形埴輪（鞍部）	石屋古墳	当館撮影	○	松江市
8-5	馬形埴輪・力士形埴輪・椅子形埴輪	石屋古墳	島根県立古代出雲歴史博物館	○	松江市
8-6	盾形埴輪	石屋古墳	当館撮影	○	松江市
8-7	靫形埴輪	石屋古墳	島根県立古代出雲歴史博物館	○	松江市
8-8	須恵器壺	石屋古墳	当館撮影	○	松江市
8-9	須恵器器台	石屋古墳	当館撮影	○	松江市
9-1	鉄鉾・石突・鉄剣・青銅製品・U字鋤先	金崎1号墳	当館撮影	○	松江市
9-2	ガラス製小玉・水晶製垂飾・ガラス製勾玉	金崎1号墳	当館撮影	○	松江市
9-3	水晶製垂飾・ガラス製勾玉（拡大）	金崎1号墳	当館撮影	○	松江市
10	須恵器	古曽志大谷1号墳	島根県立古代出雲歴史博物館	一部	島根県埋蔵文化財調査センター
11-1	出雲型子持壺	山代二子塚	当館撮影	○	島根県教育委員会
11-2	円筒埴輪	山代二子塚	当館撮影	○	島根県教育委員会
11-3	空からみた山代二子塚	山代二子塚	島根県教育委員会	パネル	―
12-1	鉄刀・獅噛環頭大刀	御崎山古墳	当館撮影	○	島根県教育委員会
12-2	獅噛環頭大刀	御崎山古墳	当館撮影	○	島根県教育委員会
12-3	金銅装馬具	御崎山古墳	当館撮影	○	島根県教育委員会
12-4	珠文鏡	御崎山古墳	当館撮影	○	島根県教育委員会
12-5	須恵器壺・甑	御崎山古墳	当館撮影	○	島根県教育委員会
13	獅噛環頭大刀柄頭	仏山古墳	東京国立博物館 Image: TNM Image Archives	レプリカ	東京国立博物館 レプリカ：島根県立古代出雲歴史博物館
14-1	岡田山1号墳の横穴式石室	岡田山1号墳	当館撮影	パネル	―
14-2	銀象嵌円頭大刀（レプリカ）	岡田山1号墳	当館撮影	レプリカ	六所神社
14-3	金銀装円頭大刀（柄頭はレプリカ）	岡田山1号墳	当館撮影	○	六所神社
14-4	三葉環頭大刀	岡田山1号墳	当館撮影	○	六所神社
14-5	内行花文鏡	岡田山1号墳	当館撮影	○	六所神社
14-6	須恵器壺・甑	岡田山1号墳	当館撮影	○	六所神社
14-7	金銅製空玉	岡田山1号墳	当館撮影	○	六所神社
14-8	耳環	岡田山1号墳	当館撮影	○	六所神社
15-1	古天神古墳の石棺式石室	古天神古墳	島根大学法文学部考古学研究室 （大手前大学史学研究所撮影）	パネル	―
15-2	古天神古墳出土品　おもな副葬品	古天神古墳	東京国立博物館 Image: TNM Image Archives	一部かつレプリカ （鐔のみ原品）	東京国立博物館 島根大学法文学部考古学研究室 レプリカ：島根県立八雲立つ風土記の丘
15-3	変形一神四獣鏡	古天神古墳	東京国立博物館 Image: TNM Image Archives	レプリカ	東京国立博物館 レプリカ：島根県立八雲立つ風土記の丘
15-4	銀象嵌鐔	古天神古墳	当館撮影	○	島根大学法文学部考古学研究室
16-1	岩屋後古墳の石棺式石室	岩屋後古墳	当館撮影	パネル	―
16-2	馬形埴輪（雲珠と繋）	岩屋後古墳	当館撮影	○	島根県立八雲立つ風土記の丘
16-3	須恵器	岩屋後古墳	当館撮影	○	島根県立八雲立つ風土記の丘
17	出雲型子持壺	団原古墳	島根県古代文化センター	一部	島根県埋蔵文化財調査センター
18-1	向山1号墳の石棺式石室	向山1号墳	松江市	パネル	―
18-2	銀製弓弭・両頭金具・鉄鏃・銀装刀子金具・銀装刀装具・鉄地銀張馬具 （鞍座金具・X字形辻金具・方形金具・杏葉）	向山1号墳	当館撮影	○	松江市
19	出雲型子持壺	山代方墳	当館撮影	○	島根県立八雲立つ風土記の丘
20	山代原古墳の石棺式石室	山代原古墳	島根県埋蔵文化財調査センター	パネル	―

主要参考文献

池上　悟　2021「野津左馬之助大人の墓所」『山陰歴史考古学論攷』六一書房

池淵俊一　2004「出雲型子持壺の変遷とその背景」『考古論集 ― 河瀬正利先生退官記念論文集 ―』河瀬正利先生退官記念事業会

池淵俊一　2015「出雲における中・後期前方後方墳の成立と展開」『前方後方墳と東西出雲の成立に関する研究』島根県古代文化センター研究論集 14　島根県古代文化センター

稲田　信　2020「野津左馬之助先生と『松江市史』松江市史編纂コラム第 53 回（https://www.city.matsue.lg.jp/material/files/group/34/column53.pdf　2024 年 5 月 28 日アクセス）

石見町教育委員会　1994『中山古墳群 ― 平成 5 年度実態調査概要報告書 ―』石見町文化財調査報告書 7

岩本　崇　2014「北近畿・山陰における古墳の出現」『博古研究』48　博古研究会

岩本　崇　2015「山陰における古墳時代中期首長墓の展開と「地域圏」の形成 ― 古墳時代中期の地域社会と集団関係 ―」『前方後方墳と東西出雲の成立に関する研究』島根県古代文化センター研究論集 14　島根県古代文化センター

岩本　崇　2019「古墳時代墓制としての出雲型石棺式石室」『黄泉国訪問神話と古墳時代出雲の葬制 ― 考古学・地質学・歴史学のコラボレーション ―』山陰研究ブックレット 8　今井出版

植田文雄　2007『「前方後方墳」出現社会の研究』学生社

大谷晃二　1999「上塩冶築山古墳をめぐる諸問題」『上塩冶築山古墳の研究』島根県古代文化センター調査研究報告書 4　島根県古代文化センター

大塚初重　1962「前方後方墳序説」『明治大学人文科学研究所紀要』1　明治大学人文科学研究所

神柱靖彦　2015「前方後方墳に関する研究史」『前方後方墳と東西出雲の成立に関する研究』島根県古代文化センター研究論集 14　島根県古代文化センター

熊井亮介　2024「前方後方墳の墳丘形態・形状について ― 近畿地域の基礎分析 ―」『日本考古学の論点　上』雄山閣

建設省松江国道工事事務所・島根県教育委員会　2000『社日古墳 ― 一般国道 9 号松江道路建設予定地内埋蔵文化財発掘調査報告書 12 ―』

齊藤大輔　2023「武装具出土古墳からみた「東西出雲」の特質とその背景」『島根考古学会誌』40　島根考古学会

島根県教育委員会　1963『松本古墳調査報告』

島根県教育委員会　1978『岩屋後古墳』

島根県教育委員会　1987『出雲岡田山古墳』

島根県教育委員会　1989『古曽志遺跡群発掘調査報告書 ― 朝日ケ丘団地造成工事に伴う発掘調査 ―』

島根県教育委員会　1989『風土記の丘地内遺跡発掘調査報告 VI ― 団原古墳・下黒田遺跡 ―』

島根県教育委員会　2003『史跡出雲国府跡 I』風土記の丘地内遺跡発掘調査報告書 14

島根県教育委員会　2022『山代原古墳 ― 出雲東部における古墳の調査（4）―』風土記の丘地内遺跡発掘調査報告書 26

島根県教育委員会・島根県立八雲立つ風土記の丘　1996『御崎山古墳の研究』八雲立つ風土記の丘研究紀要 III

島根県立古代出雲歴史博物館　2014『倭の五王と出雲の豪族 ― ヤマト王権を支えた出雲 ―』

島根大学法文学部考古学研究室・古天神古墳研究会　2018『古天神古墳の研究』島根大学考古学研究室調査報告 17

竹澤　謙　2018『丸山瓦全 ― とちぎの知の巨人 ―』随想舎

田中　聡　2021「近代史学史からみた「古代出雲」観の変遷」『日本書紀と出雲観』島根県古代文化センター研究論集 26　島根県教育委員会

田中　裕　2004「前方後方墳」『千葉県の歴史　資料編　考古 4 』千葉県

田中　裕　2012「前方後方墳の歴史性」『古墳時代の考古学』3 ― 墳墓構造と葬送儀礼 ―　同成社

都出比呂志　1991「日本古代の国家形成論序説 ― 前方後円墳体制の提唱 ―」『日本史研究』343

椿　真治　2015「石屋古墳出土埴輪の復元整理作業報告」『前方後方墳と東西出雲の成立に関する研究』島根県古代文化センター研究論集 14　島根県古代文化センター

栃木県教育委員会　1997『前方後方墳の世界 II ― 那須に古墳が造られたころ ―』

栃木県立なす風土記の丘資料館　1993『前方後方墳の世界 ― 前方後方墳の成立と展開 ―』

仁木　聡　2015「巨大方墳と前方後方墳の史的背景」『前方後方墳と東西出雲の成立に関する研究』島根県古代文化センター研究論集 14　島根県古代文化センター

野津左馬之助　1925「前方後方墳」『島根縣史』4（古墳）島根県

古谷　毅　2006「方形板革綴短甲の基礎的研究（1）」『東京国立博物館紀要』41　東京国立博物館

前島己基　1977「古墳にみる出雲的世界の展開」『歴史手帖』5-1　名著出版

松江市教育委員会　1978『史跡金崎古墳群』

松江市教育委員会　1998『向山古墳群発掘調査報告書』松江市文化財調査報告書 77

松江市教育委員会・財団法人松江市教育文化振興事業団　1996『向山古墳群発掘調査概要報告書』松江市文化財調査報告書 71

松尾充晶　2023「山陰西部における古墳時代の渡来系遺物」『先史・古代の日韓交流の様相 ― 山陰を中心として ―』第 50 回山陰考古学研究集会資料集　第 50 回山陰考古学研究集会事務局

丸山瓦全　1925「下野国の前方後円墳」『考古学雑誌』15-5　日本考古学会

茂木雅博　1974『前方後方墳』考古学選書 11　雄山閣

桃﨑祐輔　2023「日本列島における初期馬具の展開」『古代騎馬文化受容過程の研究〔日本編〕』同成社

八雲村教育委員会　1981『御崎谷遺跡　小屋谷古墳群』

山本　清　1968「野津左馬之助」『明治百年島根の百傑』島根県教育委員会

山本　清　1995「大正末・昭和初期の古墳認識」『遺跡と歩んだ 70 年　古代出雲の考古学』ハーベスト出版

渡邊貞幸　1983「松江市山代二子塚をめぐる諸問題」『山陰文化研究紀要』23　島根大学

渡邊貞幸　1986「山代・大庭古墳群と五・六世紀の出雲」『山陰考古学の諸問題』山本清先生喜寿記念論集刊行会

渡邊貞幸　1997「出雲の方墳、出雲の前方後方墳」『古代出雲文化展』島根県

令和6年度 秋季特別展

王と前方後方墳

発行年月日　令和6年（2024）9月14日

編集・発行　島根県立八雲立つ風土記の丘
　　　　　　指定管理者：公益財団法人しまね文化振興財団
　　　　　　〒690-0033　島根県松江市大庭町456
　　　　　　TEL（0852）23-2485　FAX（0852）23-2429

印刷・製本　株式会社 谷口印刷
　　　　　　〒690-0133　島根県松江市東長江町902-59
　　　　　　TEL（0852）36-5888　FAX（0852）36-5889